SANTO ROSARIO
EXPLICADO Y MEDITADO
PARA CADA DÍA DE LA SEMANA

**Baldomero
Mendoza Santos**

**Primera Edición
Textos revisados**

*Santo Rosario explicado y meditado
para cada día de la semana.*
ISBN: 9798852790972
© Autor: Baldomero Mendoza Santos.
Las Tres Cruces. Edición internacional. Julio de 2023.

ÍNDICE

PRESENTACIÓN

Es admirable, y seguramente se deba a la mano de la Santísima Virgen María, ver cómo en los últimos años el Santo Rosario ha vuelto a tener una gran difusión entre todo el Pueblo de Dios en general, sin entender de edades, de condiciones sociales... Ni tan siquiera del punto de progreso espiritual de quienes lo rezan; y no nos olvidemos que fue justo para eso para lo que la Santísima Virgen del Rosario encomenzó la propagación de esta oración a Santo Domingo de Guzmán... Para ser un modo sencillo de acercarse a la Vida de Jesús por medio de sus manos maternales independientemente del nivel cultural de quien lo rezase, siendo una oración fácil de comprender y de rezar, uniendo en el rezo de una misma oración a tantísimos creyentes que, por circunstancias de la vida, eran tan diferentes los unos de los otros.

Esta guía meditada para rezar el Santo Rosario tiene dos finalidades:

+ Ser una ayuda sencilla, fácil y práctica para aquellos que comienzan a tener la costumbre de rezar diariamente el Santo Rosario.

+ Servir de ayuda para aquellos que ya tienen esta costumbre asumida pero que corren el riesgo de la monotonía en su rezo, para lo que ilustramos cada Misterio con un texto bíblico, una breve meditación, y un ofrecimiento por distintas necesidades, sin olvidarnos de las nuestras propias, por las que podemos pedir tras la oración introductoria del rosario correspondiente a cada día de la semana.

La Santísima Virgen, nuestra Madre del Cielo, siempre escuchará nuestras plegarias; aunque también, algunas veces nos pedirá cambios en nuestras vidas para que podamos recoger los dones que Dios quiere dispensarnos por medio de sus manos maternales.

No hallaremos mejor oración para acercarnos a ella que esta misma oración que, en tan diferentes momentos, lugares y circunstancias de la Historia, no ha dejado de pedirnos que recemos, no sólo por nosotros, sino también por los alejados del amor de su Hijo. Si nos faltan motivos por los que ofrecer alguna vez el Santo Rosario, bastaría introducirnos un minuto en el Inmaculado Corazón de María para no dejar de rezar el Santo Rosario de un modo constante por el resto de nuestras vidas. Si no tienes nada que pedirle a la Santísima Virgen para ti, muchas personas agradecerán su oración por ellas, aunque siempre podremos pedir al mismo tiempo por nosotros y por los demás.

Virgen del Rosario, que acercaste por medio de esta humilde oración a los más sencillos a los Misterios de la Vida de tu Hijo, gracias por esta nueva primavera que ha reverdecido esta oración, y... Ruega por nosotros.

Baldomero Mendoza Santos

BREVE GUÍA
PARA REZAR EL
✠ SANTO ROSARIO ✠

NOTA PRELIMINAR:

El Santo Rosario, siendo una oración cuyo rezo está tan extendido y es tan bien acogido en tan diferentes lugares de todo el Orbe Católico, cuenta con una rica y provechosa variedad de fórmulas para acompañar su rezo, según las distintas sensibilidades de cada lugar, estableciendo incluso costumbres asentadas que es bueno respetar.

En la sencilla guía que aquí comenzamos para las oraciones iniciales y finales, recogeré los dos modos más difundidos para el rezo del Santo Rosario, indicando un modo breve y un modo extenso.

MODO BREVE:

Comenzamos haciendo la señal de la cruz:
En el nombre del Padre
y del Hijo y del Espíritu Santo.

A continuación:
V. Dios mío, ven en mi auxilio.
R. Señor, date prisa en socorrerme.
V. Gloria al Padre y al Hijo y al Espíritu Santo.
R. Como era en el principio, ahora y siempre,
    por los siglos de los siglos. Amén.

Enunciamos el bloque de los Misterios que
rezaremos (Gozosos, Luminosos...),
pudiendo en ese momento hacer una
introducción o un ofrecimiento general por el
rezo de esta oración...

Y comenzamos por el primer misterio, que
nombramos y, si lo vemos conveniente,
también meditamos brevemente.

Rezamos:
1 Padre Nuestro
10 Ave Marías
1 Gloria

Podemos terminar cada misterio con alguna de las oraciones que popularmente suelen emplearse, como:

María, Madre de Gracia y de Misericordia, defiéndenos del Enemigo y ampáranos ahora y siempre, por los siglos de los siglos. Amén.

O...

Oh Jesús, perdónanos nuestros pecados, sálvanos del fuego del infierno y guía todas las almas al Cielo, especialmente aquellas más necesitadas de tu misericordia.

Tras acabar los cinco misterios, podemos añadir las Letanías, incluso la Salve o el Bajo tu amparo a su finalización.

Es recomendable rezar al menos un Padre Nuestro, Ave María y Gloria por las intenciones del Papa, y así obtener mayores indulgencias. Podemos hacer este mismo ofrecimiento por los difuntos, por los necesitados, por las vocaciones, etc.

Podemos acabar con una invocación como:
*V. Santa María, esperanza nuestra,
trono de la sabiduría.
R. Ruega por nosotros.*

MODO EXTENSO:

Comenzamos haciendo la señal de la cruz:
En el nombre del Padre
y del Hijo y del Espíritu Santo.

A continuación:
V. Dios mío, ven en mi auxilio.
R. Señor, date prisa en socorrerme.
V. Gloria al Padre y al Hijo y al Espíritu Santo.
R. Como era en el principio, ahora y siempre,
*   por los siglos de los siglos. Amén.*

Hacemos profesión de Fe:
Creo en Dios Padre,
Todopoderoso,
Creador del cielo y de la tierra.
Creo en Jesucristo, su único Hijo,
Nuestro Señor, que fue concebido
por obra y gracia del Espíritu Santo,
nació de Santa María Virgen,
padeció bajo el poder de Poncio Pilato,
fue crucificado, muerto y sepultado,
descendió a los infiernos,
al tercer día resucitó entre los muertos,
subió a los cielos y está sentado
a la derecha de Dios Padre, Todopoderoso.

Desde allí vendrá a juzgar a vivos y a muertos.
Creo en el Espíritu Santo,
la Santa Iglesia Católica,
la comunión de los santos,
el perdón de los pecados,
la resurrección de la carne
y la vida eterna. Amén.

Podemos hacer un acto de contrición:
Señor mío Jesucristo,
Dios y Hombre verdadero,
Creador, Padre y Redentor mío;
por ser vos quien sois, bondad infinita,
y porque os amo sobre todas las cosas,
me pesa de todo corazón haberos ofendido;
también me pesa porque podéis castigarme
con las penas del infierno.
Ayudado de vuestra divina gracia,
propongo firmemente nunca más pecar,
confesarme y cumplir la penitencia
que me fuere impuesta. Amén

A continuación, rezamos:
1 Padre Nuestro.
3 Ave Marías, para pedir las tres virtudes
teologales: la Fe, la Esperanza y la Caridad.
1 Gloria.

Enunciamos el bloque de los Misterios
que rezaremos (Gozosos, Luminosos...),
pudiendo en ese momento hacer una
introducción o un ofrecimiento general
por el rezo de esta oración...

Y comenzamos por el primer misterio,
que nombramos y, si lo vemos conveniente,
también meditamos brevemente.

Rezamos:
1 Padre Nuestro
10 Ave Marías
1 Gloria

Podemos terminar cada misterio
con alguna de las oraciones
que popularmente suelen emplearse, como:

María, Madre de Gracia y de Misericordia,
defiéndenos del Enemigo y ampáranos ahora y
siempre, por los siglos de los siglos. Amén.

O...

Oh Jesús, perdónanos nuestros pecados,
sálvanos del fuego del infierno y guía todas las
almas al Cielo, especialmente aquellas más
necesitadas de tu misericordia.

Tras acabar los cinco misterios,
podemos añadir las Letanías,
incluso la Salve o el Bajo tu amparo.

Es recomendable rezar al menos un Padre
Nuestro, Ave María y Gloria por las
intenciones del Papa, y así obtener mayores
indulgencias. Podemos hacer este mismo
ofrecimiento por los difuntos, por los
necesitados, por las vocaciones, etc.

Podemos acabar con una invocación como:
V. Santa María, esperanza nuestra,
trono de la sabiduría.
R. Ruega por nosotros.

LUNES: MISTERIOS DE GOZO

CONCEPCIÓN, NACIMIENTO E INFANCIA DE JESÚS

Este bloque de Misterios, que hablan de la Concepción, del Nacimiento y de la Infancia de Jesucristo, se llaman "Misterios Gozosos" por los entrañables momentos que recuerdan, sin que falten en ellos el signo de la cruz, que siempre estará presente; pero, ante todo, por la alegría de la llegada a la tierra del Masías prometido y esperado durante siglos para restablecer la amistad entre Dios y la humanidad. Dios se ha hecho hombre y ha puesto su morada en medio de nosotros.

OFRECIMIENTO
DE LOS MISTERIOS GOZOSOS

Santa María, Madre de Dios y Madre Nuestra;
no fuiste una mera espectadora
de la llegada del Mesías.

Dios, que siempre respeta nuestra libertad,
puso sus planes en tus manos,
y tú confiaste en él, respondiste con un: "SÍ",
que te privó de una vida cómoda y estable
en favor del bien de toda la humanidad.

Te ofrecemos estos Misterios por: (...);
y, siguiendo tu ejemplo, nos confiamos,
ante todo, a cuanto sea la Voluntad de Dios.

✠ PRIMER MISTERIO ✠
LA ANUNCIACIÓN Y LA
ENCARNACIÓN DEL SEÑOR

El Arcángel San Gabriel se presentó ante María para darle a conocer los planes de Dios. Ella había sido escogida de entre todas las mujeres que poblaron y poblarán la tierra para ser la Madre de Dios; a lo que ella accedió sin reservas y sin más preguntas que aquella que podía hacerlo viable, al no conocer varón, recibiendo la respuesta de que el Niño sería concebido por obra del Espíritu Santo.

DEL EVANGELIO DE SAN LUCAS

El ángel le dijo: "No temas, María, porque has hallado gracia ante Dios. Concebirás en tu seno y darás a luz un hijo, al que le pondrás el nombre de Jesús. Será grande y será llamado verdaderamente: 'Hijo del Altísimo'. El Señor Dios le dará el trono de su ascendiente David; gobernará por siempre al pueblo de Jacob y su reinado no tendrá fin". María le dijo al ángel: "¿Cómo sucederá, si yo soy virgen?" El ángel le respondió: "El Espíritu Santo descenderá sobre ti y el poder del Altísimo te cubrirá con su sombra; por eso el niño santo que de ti nacerá será llamado Hijo de Dios". (Lc 1:30-35)

MEDITACIÓN

Virgen Santísima,
acabas de abrir la puerta de la tierra
a quien nos abrirá las puertas del Cielo.

Para ello, Dios ha llamado primero
a las puertas de tu Inmaculado corazón,
respetando tu decisión, explicándote,
por medio del ángel, cuanto debías saber.

Tú misma sabías que, desde entonces,
tendrías cada día más dudas e interrogantes
que deberías guardar en tu corazón,
conduciéndote, en mayor medida,
por mera confianza en Dios;
no irías a ciegas, aunque muchas serían
las lágrimas que poblarían tus ojos.

Pero dijiste: "Sí", Madre mía,
y Dios se hizo Hombre,
y acampó entre nosotros.

OFRECIMIENTO Y PETICIÓN

Te ofrezco este Misterio, Virgen generosa,
por cuantos reciben la llamada de Dios
entre temores y dudas;
para que confíen en Aquel que nunca falla
y es fiel a sus promesas.

✠ SEGUNDO MISTERIO ✠
LA VISITACIÓN DE MARÍA A SANTA ISABEL

La Santísima Virgen, al saber que su prima Isabel también había quedado encinta -ella sí por intervención de varón, aunque también milagrosamente debido a su avanzada edad-, acudió a su casa para acompañarla por un periodo de unos tres meses, para ayudarla y para compartir sus gozos y sus experiencias.

DEL EVANGELIO DE SAN LUCAS

En esos días, María se levantó y presta fue a la región de las montañas, a una ciudad de Judá; entró en la casa de Zacarías y saludó a Isabel. Y ocurrió que, en cuanto Isabel oyó el saludo de María, el niño de su seno saltó de gozo, e Isabel se llenó de Espíritu Santo; exclamando con fuerza, dijo: "Bendita tú entre las mujeres y bendito el fruto de tu vientre; y ¿cómo es que la madre de mi Señor viene a mí? Porque, apenas llegó a mis oídos la voz de tu saludo, saltó de gozo el niño en mi seno. ¡Feliz la que ha creído que se cumplirían las cosas que le han sido dichas de parte del Señor!" (Lc 1:39-45)

MEDITACIÓN

Virgen Santísima,
la Historia de la Humanidad
pone en ti sus ojos en este momento,
pero tú los pones en las necesidades de Isabel,
aquella anciana parienta tuya
a la que también le vinieron bien
unas manos más jóvenes dado su estado.

¡Qué honor tan grande para ella
que la Madre de su Señor venga a visitarla!
Y no sola, sino con su Señor en su seno,
y no sólo para visitarla,
sino para ocuparse de sus cuidados
por un largo periodo de tiempo.

María, los asuntos de Dios no nos apartan
de nuestras obligaciones de caridad,
porque la misma Ley de Dios las fortalece.
¡Cuán hermosas debieron ser
vuestras conversaciones!

OFRECIMIENTO Y PETICIÓN

Te ofrezco este Misterio, Virgen y Madre,
por los ancianos más desamparados;
para que sientan tu compañía
y los lleves al Señor.

✚ TERCER MISTERIO ✚
EL NACIMIENTO
DE JESUCRISTO EN BELÉN

El Emperador Romano, para controlar mejor a los súbditos del Imperio, ordenó hacer un censo; por lo que cada familia del Imperio debió acudir al lugar de procedencia de sus ancestros. A la Sagrada Familia le correspondió Belén, al ser San José oriundo de allí. No habiendo sitio para ellos en la Posada, se instalaron en el lugar en el que se recogían los animales. Allí tuvo lugar el nacimiento del Rey del Universo que, al terminar el parto, fue colocado, a modo de cuna, sobre un pesebre, es decir, sobre un comedero para aquellos animalitos que allí moraban.

DEL EVANGELIO DE SAN LUCAS

José (...) subió a Judea, a la ciudad de David, llamada Belén, al ser descendiente de David; allí se registró con María, su esposa, que estaba encinta. Estando en Belén, le llegó a María el momento del parto, dando a luz un primogénito. Lo envolvió en pañales y lo acostó en un pesebre, pues no había lugar para ellos en la posada. (Lc 2:4-7)

MEDITACIÓN

Virgen Santísima, que ya evocaste
una primera imagen eucarística
al acudir a ver a tu prima Santa Isabel
estando encinta de nuestro Salvador.
Aquella fue la primera procesión
del Corpus Christi, como expresó Benedicto XVI.
Ahora, una vez nacido nuestro Rey,
el primer lugar que ocupará en este mundo,
después de tus propios brazos, María,
será el comedero en el que se alimentaban
aquellos animalitos que en aquella noche
os ofrecieron su calor.

María, ese pesebre
hoy está representado en nuestros Sagrarios,
a los que debemos acudir para ofrecerle al Señor
el calor de nuestra compañía,
por muy torpes y brutos que seamos,
porque él, a pesar de cualquier excusa nuestra,
nació también para darse hoy en alimento.

OFRECIMIENTO Y PETICIÓN

Verdadera Madre de Dios,
te ofrezco este Misterio por aquellos
que visitan a tu Hijo en el Sagrario;
premia su afecto y eleva hasta Dios,
con tus manos, cada una de sus peticiones.

✠ CUARTO MISTERIO ✠
LA PURIFICACIÓN
DE NUESTRA SEÑORA
[Y LA PRESENTACIÓN DE JESÚS EN EL TEMPLO]

Aunque la Purificación de Nuestra Señora y la Presentación del Señor en el Templo tienen lugar en un mismo momento, hoy nos vamos a centrar en María. En ambos casos, ambos gestos son muestras de humildad, porque: ¿No es acaso Jesús más que el Templo? ¿De qué tenía que purificarse la Virgen Purísima e Inmaculada? Pero cumplieron con la ley de Moisés, con humildad, y para darnos ejemplo.

Este momento tenía lugar cuarenta días después del parto; y, aunque su motivo principal era religioso, también se establecía en unos plazos que protegían a la madre para que no volviera a la vida normal antes de tiempo, desatendiendo a su hijo, y así respetar su labor como madre, así como para cumplir cierta cuarentena sanitaria.

DEL EVANGELIO DE SAN LUCAS

Al cumplirse los ocho días establecidos para circuncidar al niño, le pusieron por nombre Jesús, como había indicado el ángel antes de su concepción. Y cuando llegaron los días de la purificación de ellos, según manda la ley de Moisés, le trajeron a Jerusalén para presentarlo al Señor. (Lc 2:21-22)

MEDITACIÓN

Virgen Santísima,
Manantial de Dulzura y Pureza;
tus virtudes y tu grandeza
brillan por tu humildad y obediencia.

Hoy sabemos que muchas prácticas rituales,
no sólo las judías, también de toda la antigüedad,
daban un sentido espiritual
a un proceder según motivos
justamente humanos: Evitar infecciones,
respetar el tiempo de la primera lactancia,
o el espacio de la madre recién dada a luz...

Virgen Santa y humilde,
en la Iglesia tenemos muchas normas,
haz que no las desprecie sin comprenderlas;
ayúdame a descubrir su sentido espiritual
aunque nazcan por razones prácticas;
siempre hay una razón para todo
que mejor comprenden los humildes
que aquellos que son arrogantes y soberbios.

OFRECIMIENTO Y PETICIÓN

Virgen sin mancha;
que, cada vez que utilice el Agua Bendita
el entrar en una iglesia, recuerde tu pureza
y mi necesidad de purificación.

24

✦ QUINTO MISTERIO ✦
EL NIÑO PERDIDO
Y HALLADO EN EL TEMPLO

El Pueblo Judío recordaba y celebraba cada año su liberación de la esclavitud de Egipto y de las manos del Faraón. Para Jesucristo, estos hechos no eran ni ajenos, ni indiferentes, ni cosas del pasado, sino momentos de la Historia de Amor que su Padre había hecho con la humanidad y de la que él mismo era parte. En una de las ocasiones en que visitaron Jerusalén por Pascua, Jesús se apartó de José y María para ocuparse de las cosas de su Padre Dios.

DEL EVANGELIO DE SAN LUCAS

Sus padres acudían cada año a Jerusalén en la fiesta de la Pascua; y teniendo (Jesús) doce años, subieron a Jerusalén según la costumbre de la fiesta. Al regresar, terminada la fiesta, se quedó el Niño Jesús en Jerusalén, sin que lo supiesen José y su Madre. Y pensando que estaba entre la gente, hicieron un día de camino; y le buscaron entre los parientes y los conocidos; pero como no le hallaron, volvieron a buscarle a Jerusalén. Y sucedió que tres días después le hallaron en el Templo, sentado en medio de los doctores de la ley, oyéndolos y preguntándoles. Y todos los que le oían, se admiraban de su sabiduría y de sus respuestas. (Lc 2:41-47)

MEDITACIÓN

Virgen Santísima, humilde Nazarena,
¿Cómo le relataste al mismo Dios,
como Madre de tu Hijo, según la costumbre,
lo que sucedió en la noche de la Pascua?
¿Cómo le explicaste el por qué esa noche
es diferente a todas las otras noches?

Jesucristo conocía cuanto tenía que saber
en cuanto que es Dios,
pero también tenía que aprender
cuanto le fue enseñado como Hombre.

El mismo Dios escuchó de tu boca, María,
su Historia de amor hacia los hombres,
y fue llevado al Templo,
a la casa de su Padre Celestial,
también de tu mano y de la de San José.

Hija de Abrahán, Madre del Mesías,
será glorificada la llena de Gracia.

OFRECIMIENTO Y PETICIÓN

Virgen, Madre y Esposa,
te ofrezco este Misterio por los padres
que llevan a sus hijos a la Iglesia
(por mucho que lloren, nunca molestan);
y bendice la educación que les procuran.

MARTES: MISTERIOS
DE DOLOR
PASIÓN Y MUERTE DE JESÚS

Este bloque de Misterios, que hablan de la Pasión y Muerte de Nuestro Señor, se llaman "Misterios Dolorosos" a causa de los terribles padecimientos que Jesús tuvo que soportar hasta culminar su sacrificio redentor en la Cruz, entregándose por amor a nosotros para el perdón de nuestros pecados. Su Santísima Madre no nos esconde todo el sufrimiento que su Hijo tuvo que soportar, nos lo muestra para conmover nuestros corazones y motivarnos a una permanente y constante conversión de nuestras vidas.

OFRECIMIENTO
DE LOS MISTERIOS DOLOROSOS

Santa María, Madre Dolorosa,
que viste tu corazón traspasado
como por una espada de dolor a causa
de los padecimientos de tu amado Hijo.

No cerraste los ojos ante este infame espectáculo,
y tal y como acompañaste a tu Hijo
por la Vía Dolorosa, nos acompañas a nosotros,
también hijos tuyos, por su Pasión.

Te ofrecemos estos Misterios por: (…),
así como por la conversión del mundo.

✢ PRIMER MISTERIO ✢
LA ORACIÓN
EN EL HUERTO DE LOS OLIVOS

Una vez concluida la Última Cena, el Señor se fue con todos los Apóstoles, menos Judas, hasta el Huerto de Getsemaní, para orar al Padre y para que los suyos le acompañasen en su oración ante la hora terrible que ya estaba cerca, animándoles a perseverar y a no decaer. En esa oración, consciente de cuanto se avecinaba, Jesús llegó a sudar gotas de sangre.

DEL EVANGELIO DE SAN LUCAS

Según acostumbraba, al salir se fue hasta el Huerto de los Olivos; y también lo siguieron sus discípulos. Les dijo, al llegar a aquel lugar: "Orad para que no caigáis en tentación". Se apartó de ellos a una distancia similar a la que corresponde a un tiro de piedra; y, poniéndose de rodillas, oró diciendo: "Padre, si quieres, pasa de mí este cáliz, pero que no se cumpla mi voluntad, sino la tuya". Un ángel del cielo se apareció para confortarle. Agonizando, oró con mayor intensidad; su sudor era como de grandes gotas de sangre que caían hasta la tierra. (Lc 2:39-44)

MEDITACIÓN

Virgen Dolorosa, Madre del Salvador;
qué hermoso es recordar en Getsemaní
cómo con una rama de Olivo en el pico
llegó la paloma que soltó Noé
para comprobar que ya había terminado
aquel tiempo de purificación
que fue el Diluvio Universal.

Ahora comienza un tiempo nuevo,
que obrará una paz definitiva
entre Dios y los hombres, una Nueva Alianza
sellada por la Preciosa Sangre de un Cordero;
que no sólo aplacará la cólera divina,
sino que nos llevará hasta el mismo Cielo
para hacernos allí felices con Dios
por toda la eternidad, como hijos en el Hijo,
como miembros de su propio Cuerpo,
como templos del Espíritu Santo...
Pero todo será al precio de su Preciosa Sangre.

OFRECIMIENTO Y PETICIÓN

Virgen Santísima, Madre de la Esperanza,
cuánta fe era necesaria para afrontar
todo cuanto estaba por venir.
Te ofrezco este Misterio por aquellos
que próximamente se verán atribulados;
para que no sucumban ante el Enemigo
y perseveren confiados a la Divina Providencia.

✠ SEGUNDO MISTERIO ✠
LA FLAGELACIÓN
DE NUESTRO SEÑOR

Antes de que Jesús fuera crucificado, Pilato intentó aplacar a la turba mandándolo azotar, a ver si con eso se contentaban y le dejaban ir. La flagelación era un castigo en sí que no precisaba una posterior ejecución. Aquellos sayones llegaron hasta el cansancio, pero no así la turba en su petición de muerte para Nuestro Señor.

DEL LIBRO DE ISAÍAS

No hay apariencia en él, ni hermosura; le veremos, aunque sin atractivo ni agrado. Despreciado y desechado de los hombres, varón de dolores, sabedor del quebranto; escondimos de él el rostro, menospreciado, no lo estimamos. En verdad cargó con nuestras enfermedades, sufrió por nuestros dolores; y nosotros le tuvimos por azotado, por herido de Dios y abatido. Pero él fue herido a causa de nuestras rebeliones, molido por nuestros pecados; el castigo de nuestra paz tuvo lugar en él, por su llaga fuimos sanados. Nos descarriamos como ovejas, cada cual se apartó por su camino; mas Dios cargó en él el pecado de todos nosotros. (Is 53:2b-6)

MEDITACIÓN

Virgen Dolorosa, Madre de Aquel
que, siendo más que un profeta,
recibió la paga que recibieron
los verdaderos profetas por parte de Israel.

Si tu Hijo se hubiera contentado
con hacer algunos milagros
y decir cosas agradables para la multitud,
hubiera sido proclamado rey
por su propio pueblo; pero no vino para eso,
sino para despertar nuestras conciencias,
para movernos al arrepentimiento,
para exigírnoslo todo por amor a Dios...
Y eso ya no agradó tanto a los hombres.

Virgen Santísima,
¡cuantos santos han sido admirados
por su amor y dedicación a los pobres
y luego han sido fustigados por el gentío
cuando han tenido que hablar y profetizar!

OFRECIMIENTO Y PETICIÓN

Virgen Santísima, Madre de la Iglesia,
te ofrecemos este Misterio por los cristianos
que son linchados públicamente
por no renunciar a las enseñanzas de tu Hijo;
fortalécelos en la prueba y en la persecución.

✦ TERCER MISTERIO ✦
LA CORONACIÓN
DE ESPINAS

Aquella soldadesca, destinada tan lejos de sus hogares, y en un país hostil, solía ser poco culta y buena amiga del vino. Su diversión era muy monótona, encontrando en los abusos de autoridad una ocasión para desahogar su propio malestar, no importándoles nada que se tratase de población civil o de inocentes... Cuánto más crecían sus abusos si se trataba de un reo. Nuestro Señor fue su divertimento, y en él desfogaron su odio, sedientos de diversión vana y burlesca, escenificando para él su coronación como Rey de los judíos.

DEL EVANGELIO DE SAN MATEO

Los soldados del Gobernador, entonces, se llevaron a Jesús con ellos hasta el Pretorio, reuniendo alrededor de él a toda la compañía. Lo desnudaron, y le pusieron por encima un manto de color púrpura y, trenzando una corona de espinas, se la colocaron sobre su cabeza, poniendo en su mano derecha una caña, para, doblando la rodilla ante él, hacerle burlas y decirle: "Salve, Rey de los judíos". (Mt 27:27-29)

MEDITACIÓN

Virgen Dolorosa, Madre del Rey,
aquellos soldados coronaron a tu Hijo
a modo de burla para su divertimento.

Le trenzaron una corona de espinas
y se la clavaron en su cabeza;
¿qué cosas trenzo yo para mi Rey?
Ojalá trenzase mil jaculatorias encendidas
ante su presencia en el Sagrario;
ojalá trenzase cada día
un sinfín de obras humildes y buenas
que satisfacieran a Dios
y sirvieran a mis hermanos.

Santísima Virgen María,
ayúdame a nunca formar parte
de linchamientos públicos burlescos
tan contrarios al sentir cristiano.
Que sólo entienda de Caridad y de Perdón
"en el nombre del Rey", de mi Rey.

OFRECIMIENTO Y PETICIÓN

Virgen Santísima, Madre del Rey,
te ofrezco este Misterio por los gobernantes,
por los jueces, por las fuerzas del orden;
para que sirvan con humildad en su labor,
imitando a Cristo Rey, no a sus verdugos.

✦ CUARTO MISTERIO ✦
JESÚS CARGA CON LA CRUZ

Una vez terminado el juicio de Nuestro Señor ante la autoridad romana, llega el momento de ejecutar la sentencia. Sólo Roma podía condenar a muerte en sus territorios ocupados, así como llevar a cabo una ejecución. El interés por parte de las autoridades judías en la muerte de Jesús hubiera levantado muchas sospechas si su muerte hubiera sido de otro modo. Había de ser en pleno día, y por la mano de Roma... También Roma ofreció su patíbulo: la cruz, la cruz cruel con el reo y ejemplar ante los ojos de las multitudes.

DEL EVANGELIO DE SAN LUCAS

Jesús dijo a todos: "Si alguno quisiere venir en pos de mí, que se niegue a sí mismo, que tome su cruz de cada día y que me siga. Porque aquel que quiera salvar su vida, la perderá; pero quien la pierda por mí, ese, la salvará. Así que, ¿de qué le sirve a un hombre ganar el mundo entero si él mismo se arruina o pierde su alma? Aquel que se avergüence de mí o de mis palabras, de él se avergonzará el Hijo del Hombre cuando venga en su Gloria, en la de su Padre, en la de sus santos ángeles". (Lc 9:23-26)

MEDITACIÓN

Virgen Dolorosa, tu Hijo abraza la cruz
sabiendo que tal instrumento de muerte
será instrumento de salvación.

Aquel día, la cruz fue motivo
para que las ovejas se dispersasen,
como ya había anunciado el Señor
en la Última Cena;
hoy la cruz nos convoca, nos congrega,
nos identifica visiblemente como cristianos.

Pero la cruz no es sólo un objeto externo,
tiene sus propias enseñanzas y exigencias,
encierra un lenguaje único
que el mundo no comprende.
La cruz es sacrificio, es ofrenda,
es aquello que nos cuesta y entregamos a Dios,
incluso la cruz son las personas
que me harán ganar el Cielo
si llevo a cumplimiento la misión que Dios
me encomienda para con ellas.

OFRECIMIENTO Y PETICIÓN

Virgen Santísima, Madre de Dios y Madre mía,
te ofrezco este Misterio para que alivie,
como el Cirineo, el peso de las cruces de aquellos
que se sienten abatidos bajo su peso.

✠ QUINTO MISTERIO ✠
LA MUERTE
DE JESÚS EN LA CRUZ

Al llegar al Monte Calvario, también llamado Gólgota, Nuestro Señor fue crucificado entre dos malhechores, allí pronunció sus "siete últimas palabras", más bien sus últimas siete frases, que son rezadas y meditadas por muchos cristianos como parte importante de sus devociones:

+ Padre, perdónales porque no saben lo que hacen.
+ Te lo aseguro, hoy estarás conmigo en el Paraíso.
+ Mujer, ahí tienes a tu hijo; (hijo) ahí tienes a tu madre.
+ Dios mío, Dios mío, ¿por qué me has abandonado?
+ Tengo sed.
+ Todo está cumplido.
+ Padre, en tus manos encomiendo mi espíritu.

En él no hubo rencor, sino perdón para sus verdugos; la promesa del Cielo para el Buen Ladrón; nos entregó a María como Madre; sufrió el rechazo del Padre por hacerse "carne de pecado" y expiar por nosotros; recibió vinagre cuando tuvo sed; culminó su misión hasta el final; y, finalmente, se encomendó al Padre, como perfecta víctima propiciatoria. Nadie tuvo jamás amor más grande.

DEL EVANGELIO DE SAN LUCAS

Entorno a la hora sexta, el sol se eclipsó, y toda la tierra se oscureció hasta la hora nona. El velo del Templo se rasgó por la mitad y Jesús, a voz en grito, dijo: "Padre, en tus manos encomiendo mi espíritu", y, diciendo esto, expiró.

(Guárdese un instante de silencio)

Viendo el Centurión lo sucedido, glorificó a Dios diciendo: "En verdad era un hombre justo". Y aquellas gentes que acudieron a ver el espectáculo, viendo lo sucedido, volvieron a sus lugares dándose golpes de pecho. (Lc 23:44-48)

MEDITACIÓN

Virgen Dolorosa,
tu Hijo verdaderamente
ha muerto en su humanidad,
su muerte no es aparente, sino real;
para ello asumió la naturaleza humana,
para poder morir como víctima de holocausto.

Ha muerto por mí, por mi salvación,
para saldar mi deuda, porque me quiere.

Virgen Santísima,
no sólo deseo el perdón de Dios,
sino también el tuyo como Madre,
porque te hice sufrir.

Quizá fueron peores los padecimientos
de tu amadísimo Hijo que su muerte en sí;
Jesús resucitó en tres días,
pero a día de hoy sigue recibiendo
ultrajes y salivazos, insultos y calumnias,
condenas, burlas y odios...

Permíteme, Madre Santa,
que exprese de un modo evocador
que es más difícil doblegar un corazón rebelde
que a la propia muerte; pero tu Hijo lo logró:
¡Cuántas conversiones narra el Evangelio!
La muerte obedece, pero el Señor
no toma los corazones por la fuerza,
sino respetando su libertad.

Santa María Magdalena,
el Centurión, el publicano Mateo,
el Buen Ladrón -San Dimas-,
el soldado que asestó la lanzada
-San Longino-, y tantos otros...

Madre, ellos aprovecharon
sus encuentros con tu Hijo,
ayúdame tú a buscarlo.

OFRECIMIENTO Y PETICIÓN

Virgen Santísima, Madre ultrajada,
te ofrezco este Misterio por los pecadores,
por los alejados, por el mundo entero;
para que ni una sola de las gotas
de la Preciosa Sangre de tu amado Hijo
caiga en vano sobre la tierra.

MIÉRCOLES: MISTERIOS
DE GLORIA
EL TRIUNFO DE JESÚS

Este bloque de Misterios, que hablan de la Resurrección y Ascensión del Señor, de la venida del Espíritu Santo, y de la Asunción de María y su Coronación como Reina y Señora de Cielos y Tierra, se llaman "Misterios Gloriosos" porque en ellos celebramos también el lugar al que nos conduce la Victoria de Nuestro Señor, la Gloria del Cielo; allí está Jesucristo haciéndonos un lugar, y la Virgen Santísima, que fue allí fue elevada en cuerpo y alma para motivo de nuestra esperanza, intercede por nosotros para que podamos alcanzar algún día la Gloria de la Vida Eterna.

OFRECIMIENTO
DE LOS MISTERIOS GLORIOSOS

Mi Señora y Reina mía;
participaste de la Pasión de tu amado Hijo
y ahora compartes con él su Gloria.

Allí nos esperas y allí intercedes ante Dios
por todas nuestras necesidades
y por nuestra salvación.

Te ofrecemos estos Misterios por: (...);
sabiendo que, si somos fieles en lo poco,
será mucho cuanto Dios ponga en nuestras manos.

✠ PRIMER MISTERIO ✠
LA RESURRECCIÓN
DEL SEÑOR

Cuando todo parecía ya a los ojos de tantos un engaño y una farsa; cuando el desánimo comenzó a apoderarse de muchos discípulos; cuando el miedo ya iba ocupando el lugar que le correspondía a la esperanza... Jesucristo, como anunció, resucitó de entre los muertos.

DEL EVANGELIO DE SAN LUCAS

Muy de mañana, en el primer día de la semana, fueron hasta el sepulcro para llevar los aromas que habían preparado. Pero encontraron removida la piedra con la que el sepulcro fue sellado; entraron, pero allí no vieron el cuerpo de Jesús. Se preguntaban qué habría pasado cuando se presentaron ante ellas dos hombres con ropas resplandecientes. Al ver su temor, ellos les dijeron: "¿Por qué buscáis entre los muertos a aquel que vive? No está aquí porque ha resucitado. Acordaos de lo que os dijo mientras aún estaba en Galilea y os decía: 'Es necesario que el Hijo del Hombre vaya a ser entregado en las manos de los pecadores, que sea crucificado, y que resucite al tercer día'". (Lc 24:1-7)

MEDITACIÓN

Virgen Dolorosa, modelo de Esperanza;
igual que Jonás había permanecido
tres días en las fauces del cetáceo,
así tu Hijo permaneció tres días
en el seno de la Tierra.

Su muerte fue real, no aparente,
la lanzada de San Longino la certificó,
tú misma, Madre Santa,
recibiste su cuerpo sin vida
a los pies de la Cruz.

Pero ahora, para asombro de muchos,
resucita en cuerpo glorioso, por sí mismo,
y por obra de Dios Padre.

¿Tan fuerte era el dolor de los discípulos
que les hizo olvidarse de la promesa
de la Resurrección, apenas creyendo
el testimonio de aquellas santas mujeres?

OFRECIMIENTO Y PETICIÓN

Virgen Santísima, Madre de la Iglesia,
te ofrezco este Misterio por todos aquellos
que dan testimonio de tu Hijo ante el mundo;
para que no se desanimen ante la incredulidad,
y para que su palabra motive la fe de sus hermanos.

✚ SEGUNDO MISTERIO ✚
LA ASCENSIÓN DEL SEÑOR

Cuarenta días después de haber resucitado, Jesucristo vuelve a los Cielos, a la Gloria de la que había venido, para hacernos allí un lugar y para enviarnos el don del Espíritu Santo. Él permanecerá con nosotros de un modo real y milagroso en el Sacramento de la Eucaristía; y nos hablará de un modo vivo por su Palabra Viva en las Sagradas Escrituras; al tiempo que estará presente en su Iglesia, de la que somos miembros; y nos mirará desde el rostro de los pobres y necesitados, de aquellos que son nuestro prójimo, porque cuanto hagamos con nuestros semejantes, al mismo Cristo se lo haremos. El Señor sigue entre nosotros, como dijo, hasta el fin de los tiempos.

DEL EVANGELIO DE SAN LUCAS

Tras conducirlos hasta Betania, él levantó sus manos y les bendijo. Al tiempo que les bendecía, comenzó a alejarse de allí donde estaban ellos, elevándose al Cielo. Ellos, se postraron ente él, y regresaron a Jerusalén colmados de gozo; y visitaban el Templo para bendecir a Dios. (Lc 24:50-53)

MEDITACIÓN

Madre de la Iglesia,
no sólo viste venir a tu Hijo al mundo,
sino que hiciste posible su venida
según el plan que Dios había trazado.
Ahora, junto con la Iglesia primigenia,
lo ves volver a su Gloria.

Nuestro Señor, con su Pasión y Muerte,
con su Resurrección,
y ahora con su Ascensión a los Cielos,
culmina su misión entre nosotros,
obrando la obra de nuestra Redención.

Pero él no sólo ha venido a perdonarnos,
también ha venido a santificarnos,
para lo que fundó su Santa Iglesia
dotándola de medios eficaces para este fin,
a la espera del envío del Espíritu Santo.
Virgen Santa, enséñanos a esperar y a pedir.

OFRECIMIENTO Y PETICIÓN

Madre nuestra, que viste a tu Hijo partir;
te ofrecemos este Misterio por las familias
que de un modo u otro están alejadas
por las necesidades y problemas de la vida;
para que sea posible el reencuentro
mientras que los unes a través de la espera.

✠ TERCER MISTERIO ✠
LA VENIDA DE DIOS ESPÍRITU SANTO

Diez días después de que tuviera lugar la Ascensión, el Padre, por Nuestro Señor, envió el Espíritu Santo a la Iglesia a fin de santificarla y de fortalecerla. Esto sucedió en el Cenáculo, el mismo lugar donde se celebró la Última Cena, estando la Santísima Virgen en oración junto con los demás discípulos. Tras un fuerte estruendo, El Espíritu Santo llegó y se posó sobre sus cabezas en forma de lenguas de fuego.

DEL LIBRO DE LOS HECHOS DE LOS APÓSTOLES

Al llegar el día de Pentecostés, estaban todos reunidos. De pronto vino un gran estruendo desde el Cielo, como de una tempestad que soplaba, y llenó toda la casa donde se encontraban; se aparecieron unas lenguas, como de fuego, que se repartieron y se posaron sobre cada uno de ellos. Y todos se llenaron del Espíritu Santo, y comenzaron a hablar en otras lenguas, cada cual según le concedía el Espíritu. (Hch 2:1-4)

47

MEDITACIÓN

Virgen Santísima,
Esposa de Dios Espíritu Santo.
El Padre, por la promesa del Hijo,
envió el Espíritu Santo a la Iglesia
el día de Pentecostés,
a fin de santificarla y fortalecerla
por medio de sus frutos y sus dones.
Haznos entender, sin embargo,
que el Espíritu Santo no vino
en aquel momento por primera vez,
ya que estuvo presente en diferentes momentos
del Antiguo Testamento,
siendo posteriormente artífice de la Encarnación
de tu Amado Hijo en tu seno virginal,
o partícipe de otros momentos de su vida,
como su Bautismo o su Transfiguración.
María, ayúdanos a buscar
en cada acontecimiento de nuestras vidas
la presencia de Dios Espíritu Santo,
porque, aunque no le veamos, estará.

OFRECIMIENTO Y PETICIÓN

Esposa de Dios Espíritu Santo,
te ofrecemos este Misterio por los cristianos
que se preparan para recibir al Espíritu Santo
en el Sacramento de la Confirmación;
para que no pongan obstáculo a su Gracia
y sean bendecidos con sus siete dones.

✦ CUARTO MISTERIO ✦
LA ASUNCIÓN
DE NUESTRA SEÑORA

El dogma de la Asunción, proclamado por el Papa Pío XII en el año 1950, afirma que la Santísima Virgen "una vez cumplido el curso de su vida terrena, fue elevada a la Gloria Celestial en cuerpo y alma". Es por ello que no hallamos ningún lugar donde se venere su cuerpo aquí en la tierra. Este singular don de Dios para ella es de gran provecho para todos sus hijos, que encontramos en ella un motivo de esperanza en lo que confiamos que también se cumpla en nosotros algún día, además de saberla cerca del Trono del Altísimo, desde donde intercede por nosotros.

DEL LIBRO DEL APOCALIPSIS

El Templo de Dios que está en el Cielo se abrió, quedando visible el Arca de la Alianza, y hubo relámpagos, voces, truenos, un gran terremoto y una gran granizada. Y en el Cielo apareció un gran signo: Una mujer revestida de sol, con la luna a sus pies, y una corona de doce estrellas sobre su cabeza. Estaba encinta, y gritaba de dolor porque iba a dar a luz. (Apoc 11:19; 12:1-2)

MEDITACIÓN

Virgen Santísima, ¿cómo es el Cielo?
Ni tan siquiera estamos preparados
para atisbar su grandeza,
por lo que San Pablo afirmó que:
"Ni ojo vio ni oído oyó
lo que Cristo nos tiene preparado en el Cielo".

Pero, ¡cuán grande es tu amor por nosotros,
Virgen y Madre nuestra que,
a pesar de tener tus pies en la Gloria,
diriges constantemente tu mirada a la Tierra,
donde tus hijos te invocan como Madre
y acuden a tu poderosa intercesión ante Dios!
¡Qué grande es tu amor por nosotros,
que de un modo milagroso
rompes la distancia entre el Cielo y la Tierra
para volver a este Valle de Dolor
y visitar al Santo Indio Juan Diego,
a los Pastorcitos de Fátima...
Y a tantos otros que fueron dignos de verte!
Señora, no te pido verte aquí en la Tierra,
pero que pueda acompañarte en el Cielo.

OFRECIMIENTO Y PETICIÓN

Virgen Asunta al Cielo, te ofrezco este Misterio
por el fruto espiritual de todos tus Santuarios;
y que sean lugares no sólo de favor,
sino también de conversión.

✠ QUINTO MISTERIO ✠
LA CORONACIÓN DE MARÍA
COMO REINA DE CIELOS Y TIERRA

La Santísima Virgen, Madre de Dios, Madre del Rey del Universo, también tiene derecho a ser honrada como Reina de Cielos y Tierra, y así ha sido venerada desde los primeros tiempos de la Iglesia. Desde bien temprano, en su representación como Theotokos (esto es, como Madre de Dios), ya se presenta coronada de forma habitual, e igualmente es venerada como Reina en la Salve y en las Letanías Lauretanas... La principal referencia bíblica que nos encontraremos para este reconocimiento la hallamos en el Libro del Apocalipsis, donde aparece coronada por doce estrellas, tal y como hemos contemplado en el Evangelio del Misterio de la Asunción.

DEL EVANGELIO DE SAN LUCAS

Dijo el ángel: No temas, María, porque has hallado gracia ante de Dios. Concebirás en tu vientre, y darás a luz un hijo, y lo llamarás: Jesús. Será grande, y será llamado Hijo del Altísimo; el Señor Dios le dará el trono de David su padre; y reinará sobre la casa de Jacob por siempre, y su reino no tendrá fin. (Lc 1:30-33)

MEDITACIÓN

Dios te Salve, Reina y Madre de Misericordia;
el Reino de tu Hijo
no es un reino de este mundo,
pero se hace presente en el mundo
allá donde reina la Caridad.

El Reino de tu Hijo brilló resplandeciente
en la entrega sin reserva de los mártires,
allá donde iluminan las virtudes
de las que tú misma eres modelo
para nosotros, tus Hijos.
El Reino de tu Hijo se hace presente
por las obras de sus siervos,
y tú, María, Virgen Madre del Rey,
nos inspiras y nos mueves
a cumplir sus Mandamientos,
también intercediendo por nosotros
y dispensándonos su Gracia.
Reina de Cielos y Tierra.
Ruega por nosotros,
y ayúdanos a construir un mundo mejor.

OFRECIMIENTO Y PETICIÓN

Virgen Madre de Dios, Reina y Madre del Rey,
te ofrezco este Misterio
por cuantos tienen autoridad aquí en la Tierra;
para que no apaguen el brillo de la Caridad
y promuevan la virtud.

JUEVES: MISTERIOS
DE LUZ
LA VIDA PÚBLICA DE JESÚS

Este bloque de Misterios, que hablan de la Vida Pública de Nuestro Señor Jesucristo, se llaman "Misterios Luminosos" porque en esta etapa de su vida nos ofrece la mayoría de sus enseñanzas, manifestándose a un mundo que camina en tinieblas, y revelando a los hombres lo que para su conocimiento aún permanecía oculto aun siendo necesario para su salvación y el conocimiento de Dios: Desde el precepto de la Caridad hasta el carácter trinitario del único Dios verdadero: Padre, Hijo, y Espíritu Santo... Etc.

OFRECIMIENTO
DE LOS MISTERIOS LUMINOSOS

Virgen Santísima, Madre del Mesías,
aunque estás presente en diversos momentos
de la Vida Pública de tu Hijo,
ocupas mayormente un lugar discreto,
como humilde discípula.

Nosotros también seremos
"la madre y los hermanos de tu Hijo"
si oímos su palabra y la ponemos por obra.

Te ofrecemos estos Misterios por: (...),
así como por la conversión del mundo.

✠ PRIMER MISTERIO ✠
EL BAUTISMO
DEL SEÑOR EN EL JORDÁN

Siendo el Bautismo de Juan un bautismo de conversión, sin más efecto que el de expresar arrepentimiento; Jesucristo instituyó sobre esta práctica el Sacramento del Bautismo, que perdonará los pecados, que nos hará hijos de Dios y miembros de la Iglesia, que nos hará nacer a la vida de la Gracia... Incluso nos hará comenzar a recibir al Espíritu Santo, que también se hizo presente en el río Jordán, aunque se manifestase con mayor fuerza en Pentecostés.

DEL EVANGELIO DE SAN MATEO

Vino Jesús, para ser bautizado por Juan, desde Galilea hasta el río Jordán. Juan intentó rechazarlo diciéndole: "Soy yo quien debería ser bautizado por ti, y eres tú quien viene a mí". Jesús le contestó: "Que así se haga ahora, porque es conveniente que cumplamos toda justicia". Entonces, Juan consintió. Al ser bautizado Jesús, los cielos se abrieron, y vieron al Espíritu de Dios que descendió en forma de paloma para posarse sobre él. (Mt 3:13-16)

MEDITACIÓN

Virgen Santísima,
Madre de Dios y Madre nuestra,
humilde discípula de tu Maestro,
¿en cuantos momentos de la Vida Pública
de tu amadísimo Hijo estuviste presente
sin que fuera necesario que se atestiguara?

Madre Inmaculada, en el Jordán,
el Cordero inocente sin mancha será bautizado
para cumplir con toda justicia,
comenzando a indicar
que sí que está cargado de pecados,
pero no los suyos, sino los nuestros;
dándonos también ejemplo de humildad,
aguardando como uno de tantos,
siendo contado entre los pecadores
como algún día será contado, en la Cruz,
entre los criminales.

OFRECIMIENTO Y PETICIÓN

Madre Inmaculada, te ofrezco este Misterio
por cuantos se preparan para recibir
el Sacramento del Bautismo siendo adultos,
por las familias de cuantos lo recibirán
siendo niños, y también por todos los bautizados;
para que se despierte en nosotros el deseo
de conocer más este Sacramento,
cuanto nos ofrece y cuanto nos exige.

✠ SEGUNDO MISTERIO ✠
LAS BODAS DE CANÁ

Al contemplar este Misterio, observamos el poder que tiene la Santísima Virgen ante Nuestro Señor. Aún no había llegado el momento para un primer milagro, los planes del Señor eran otros, pero su Madre le expone una necesidad. Como criatura, la Virgen no tenía derecho ni tan siquiera a pedir nada, por eso el Señor le dice: "Mujer ¿qué tienes que ver conmigo?"; pero, como Madre, no sólo tiene derecho a pedir, sino que tiene derecho a actuar, por eso, sin mediar más palabras, les dice a los sirvientes: "Haced lo que él os diga", justo ahí es donde ella dará un paso atrás por respeto a la voluntad de su Hijo que, por no desairar a su Madre, actúa.

DEL EVANGELIO DE SAN JUAN

Se celebraron unas bodas... En Caná de Galilea, y la Madre de Jesús estaba allí. Jesús fue también invitado a las bodas junto con sus discípulos. Cuando el vino se agotó, la madre de Jesús le dijo: "No tienen vino". Y Jesús le respondió: "Oh, mujer, ¿qué tienes que ver conmigo? Todavía no ha llegado mi hora". Pero su madre les dijo a los sirvientes: "Haced lo que él os diga". (Jn 2:1-5)

MEDITACIÓN

Virgen Santísima, permíteme una mirada
a la Sagrada Familia de Nazaret;
allí nunca faltó el buen vino del amor.
José, tu Hijo, y tú misma, mi Señora,
siempre colmabais la copa con vuestra alegría,
incluso cuando ya estaba llena de dolor.
Vuestro vino no era un vino material,
sino cuanto en él se significa
de un modo alegórico y espiritual:
Erais calor, encuentro, gozo, trabajo, paciencia...

Ese trabajo y esa paciencia
es lo que distingue el vino barato
del vino madurado por los años
en una buena barrica,
a la que, según esta comparación,
podríamos relacionar con la virtud.
Virgen Santísima ¿por qué nos preguntamos
por la causa de que los matrimonios fracasen
en tantas ocasiones si sabemos la respuesta?

OFRECIMIENTO Y PETICIÓN

Esposa de San José, te ofrezco este Misterio
por los Matrimonios con problemas;
para que descubran el poder transformador
y la fuerza de la Gracia, así como
la necesidad del crecimiento en las virtudes.

✦ TERCER MISTERIO ✦ EL ANUNCIO DEL REINO DE DIOS

Nuestro Señor no viene a abolir ni tampoco a establecer ninguna ruptura con el Antiguo Testamento. El plan de Dios está trazado y sigue su curso, ya estaba anunciado incluso el rechazo de Israel, por lo que el Mesías convocaría "un resto" suyo, que es la Iglesia. El Señor comienza su vida pública con las mismas palabras de Juan y de los antiguos profetas, llamando al arrepentimiento, a la penitencia, y a la conversión, eso sí, añadiendo que el tiempo está cumplido.

DEL EVANGELIO DE SAN MARCOS

Después que fuera arrestado Juan Bautista, Jesús se marchó a Galilea. Allí proclamaba la Buena Nueva de Dios, diciendo: "El tiempo se ha cumplido: el Reino de Dios está cerca. Convertíos y creed en el Evangelio". Mientras iba por la orilla del mar de Galilea, vio a Simón y a su hermano Andrés, que echaban las redes en el agua, porque eran pescadores. Jesús les dijo: "Seguidme, y yo os haré pescadores de hombres". Inmediatamente, ellos dejaron sus redes y lo siguieron. (Mc 1:14-18)

MEDITACIÓN

Virgen sin mancha,
Purísima desde tu Concepción,
Refugio de los pecadores
y Madre de la Iglesia.

¿Por qué me comparo con mis hermanos
cuyas faltas son más visibles que las mías
para dar gracias a Dios
de no ser tan malo como ellos,
como aquel fariseo del Evangelio?

Virgen Santísima, ¿por qué no me miro
en el espejo de tus virtudes para imitarlas
y para reconocer que no soy nada
si no es con el auxilio de la Gracia
y la Misericordia de Dios?

Enséñame, Señora mía,
a atesorar tesoros en el Cielo,
donde ni la carcoma ni la polilla los corroen.

OFRECIMIENTO Y PETICIÓN

Humilde Nazarena, te ofrezco este Misterio
para que nuestras penitencias
sean más generosas, tanto en su práctica
como en su provecho para los necesitados,
así como más discretas y humildes.

✦ CUARTO MISTERIO ✦
LA TRANSFIGURACIÓN
DEL SEÑOR EN EL TABOR

Jesús manifiesta su Gloria a varios de sus Apóstoles para prepararlos para el momento de la prueba, a la Gloria se llega pasando por la Cruz, pero no podemos olvidarnos, cuando cargamos con nuestra cruz, de la grandeza de Dios que se ha manifestado en nuestras vidas. Los grandes teólogos, como Santo Tomás de Aquino, subrayan la presencia de la Trinidad entera en este pasaje, para que no pase inadvertida la presencia de Dios Espíritu Santo en forma de Nube de Luz.

DEL EVANGELIO DE SAN MATEO

Seis días después, Jesús tomó a Pedro, a Santiago y a su hermano Juan, y los llevó con él aparte, a un monte alto; allí se transfiguró ante ellos, haciendo resplandecer su rostro como el sol, volviéndose sus vestidos tan blancos como la luz. También Moisés y Elías se les aparecieron hablando con él. Entonces Pedro le dijo a Jesús: "Señor, es muy bueno que estemos aquí; hagamos tres tiendas si quieres, una para ti, otra para Moisés, y otra para Elías". Mientras aún hablaba, los cubrió una nube de luz, y una voz desde la nube dijo: "Este es mi Hijo amado, en quien me complazco, escuchadlo". (Mt 17:1-5)

MEDITACIÓN

Reina de los Apóstoles, Virgen Santísima,
mira como cuida tu Hijo de tus hijos,
que siempre les da en la medida de su exigencia.

Hija de Dios Padre, Madre de Dios Hijo,
Esposa de Dios Espíritu Santo,
enséñame a conmoverme ante esta escena,
ante la grandeza de la Santísima Trinidad,
y a creer con fe en su Misterio.

Yo mismo estoy llamado a participar
y a insertarme en la propia intimidad
de las Tres Personas Divinas
por los Sacramentos del Bautismo,
de la Confirmación y de la Eucaristía;
enséñame, Madre, a recoger con gusto
tan alta invitación
y a no fallar en el momento de la tribulación.

OFRECIMIENTO Y PETICIÓN

Madre de los creyentes,
te ofrezco este Misterio por los cristianos
que atraviesan momentos de duda en su fe;
para que avives en su memoria
las grandes obras que Dios
ha realizado en sus vidas.

✚ QUINTO MISTERIO ✚ LA INSTITUCIÓN DE LA EUCARISTÍA

Jesucristo instituyó el Sacramento de la Eucaristía en continuidad con la Pascua Judía [por ejemplo, en la Eucaristía no utilizamos un pan normal porque no fue pan normal lo que utilizó el Señor, sino el pan sin levadura ni tiempo para fermentar de la Pascua Judía]; y él mismo sería el Cordero cuya Preciosa Sangre, marcando y sellando las puertas de nuestras almas, nos libraría del exterminio; comenzando el camino que ya no nos liberaría de un Faraón y de una esclavitud temporal, sino del mismo Satanás y de la muerte eterna..

DEL EVANGELIO DE SAN LUCAS

Llegada su hora, les dijo: "Ardientemente he deseado comer con vosotros esta Pascua antes de padecer" ... Tomó el pan, y tras pronunciar la acción de gracias, lo partió y se lo dio diciendo: "Esto es mi cuerpo que se entrega por vosotros. Haced esto en conmemoración mía". Del mismo modo, tomo el cáliz después de cenar, y dijo: "Este cáliz es la Nueva Alianza por mi sangre que se derrama por vosotros". (Lc 22:14-15,19-20)

MEDITACIÓN

Hija de Israel, portadora de las promesas
que Dios Padre pronunció a su Pueblo
en el Antiguo Testamento.

Tu Hijo da un alcance y un sentido nuevo
a la celebración de la Pascua.
En la Santa Misa no faltan, ni deben faltar,
los elementos que nos recuerdan
la Antigua Alianza...
Pero ahora, tu Hijo, por su Pasión, Muerte,
Resurrección y Ascensión,
nos conduce hasta nuestra Patria definitiva,
el Cielo, cuyas puertas nos ha abierto
por la eficacia de su Sacrificio,
el mismo Sacrificio que actualizamos
sobre la mesa del Altar cuando celebramos
la Santa Misa, el memorial de su Pasión,
la celebración de su Victoria.

OFRECIMIENTO Y PETICIÓN

Madre de la Iglesia, te ofrezco este Misterio
por cuantos tratan con fidelidad y esmero
la celebración de la Santa Misa;
para que su ejemplo nos estimule
a admirarnos ante lo sagrado,
no reduciendo esta celebración
a una mera actividad humana.

VIERNES: MISTERIOS
DE DOLOR
PASIÓN Y MUERTE DE JESÚS

65

Los Misterios Dolorosos del Santo Rosario nos ayudan a meditar la Pasión y la Muerte de Nuestro Señor, aunque debemos recordar que no nos remiten a hechos que podamos desvincular ni de su Resurrección ni de su Ascensión para la consecución de nuestra salvación. Pero, al mismo tiempo, también debemos recordar que ni el dolor ni el sufrimiento de Nuestro Señor y de su Santísima Madre son exclusivos de este momento, sino una constante en sus vidas, como anunció el anciano Simeón.

OFRECIMIENTO
DE LOS MISTERIOS DOLOROSOS

Virgen Santísima, Madre Dolorosa,
que viste a tu Hijo nacer en un establo,
que tuviste que exiliarte con él
y con tu esposo en el país de Egipto,
que fuiste testigo del hostigamiento
de las autoridades judías a lo largo
de toda su vida pública...
Permítenos acompañarte ahora
en el momento de su sacrificio final.

Te ofrecemos estos Misterios por: (...),
así como por la conversión del mundo.

✦ PRIMER MISTERIO ✦
LA ORACIÓN
EN EL HUERTO DE LOS OLIVOS

En el Huerto de los Olivos, Nuestro Señor ora al Padre por todos nosotros y acepta su Pasión para nuestra Salvación, de un modo libre y consciente, de hecho, cuando Judas llega con su séquito, los espera y recibe con mansedumbre, sin huir -como hicieron varios de sus Apóstoles-, sin apenas defenderse salvo para instruir a sus acusadores, sin renegar de cuanto es, como sí que hiciera Pedro por temor. Ya desde el Huerto "Jesús abraza la Cruz".

DEL EVANGELIO DE SAN MATEO

Todavía estaba hablando (Jesús) cuando vino Judas, uno de los doce, y mucha gente con espadas y palos con él, enviados por los principales sacerdotes y los ancianos del pueblo. El que le entregaba les había dado una señal, diciéndoles: "Al que yo vaya a besar, ese es; prendedle". Y en seguida se acercó a Jesús y le dijo: "¡Salve, Maestro!" Y le besó. Y Jesús le dijo: "Amigo, ¿a qué es a lo que vienes?" Entonces se acercaron y echaron mano a Jesús, y le prendieron. (Mt 26:47-50)

MEDITACIÓN

Virgen Dolorosa, Madre del Redentor;
tu amado Hijo supo de la traición
de manos de uno que fue su amigo,
de uno de sus Apóstoles;
también vio como aquel al que estableció
al frente de su Iglesia renegó de él tres veces
antes de que el gallo cantase a la mañana,
tal y como le profetizó;
el resto huyó, no sabemos si Juan,
el más valiente, se encontró contigo
camino del Calvario o allí mismo,
o si fue a buscarte para acompañarte
e informarte de lo que sucedía.

Madre, pero en el Huerto, como Buen Pastor,
oró por sus ovejas antes de que se dispersasen,
como también anunció, hablando con afecto,
mostrando su fidelidad ante su descarrío.

OFRECIMIENTO Y PETICIÓN

Virgen Fiel, Madre de los creyentes,
Divina Pastora, como también te llaman
tantos de tus hijos. Te ofrezco este Misterio
para que busques con tu Hijo a cuantos se pierden
después de haberos conocido,
tantos de ellos atemorizados y desconfiados
de vuestro amor, perdón y misericordia,
para que "ninguno se pierda".

✚ SEGUNDO MISTERIO ✚
LA FLAGELACIÓN
DE NUESTRO SEÑOR

Antes de que Jesús fuera crucificado, Pilato intentó aplacar a la turba mandándolo azotar, pero a aquella turba no les bastó. No sólo querían sangre y humillación, buscaban la ejecución pública del Mesías, es más, que tal ejecución se llevase a cabo fuera de Jerusalén, simbolizando su expulsión de Israel para que fuera considerado como un maldito de Dios.

DEL EVANGELIO DE SAN LUCAS

Entonces Pilato convocó a los sacerdotes principales, al pueblo y a sus líderes, y les dijo: "Vosotros trajisteis a este hombre, y lo acusáis de alborotar al pueblo en contra de Roma. Pero yo le he hecho muchas preguntas delante de vosotros, y no considero que sea culpable. Herodes tampoco cree que sea culpable, y por eso lo envió de vuelta. Este hombre no ha hecho nada malo, y no merece morir. Ordenaré que lo azoten como castigo, y luego lo dejaré marchar en libertad". Pero todo el gentío que estaba allí congregado gritó: "¡Ordena que maten a Jesús! ¡Deja libre a Barrabás!" (Lc 23:13-18)

MEDITACIÓN

Virgen de la Amargura,
el Pueblo que fue escogido por Dios,
ahora escoge a Barrabás;
el Pueblo que había de ser medio de salvación,
ahora promueve la condena para el Mesías...

Si pensamos en los azotes,
en la magnitud de aquellos flagelos
con extremos de huesos y plomo
para quebrar costillas y arrancar la carne,
pronto guardamos un silencio compungido;
pero mayores latigazos fueron
aquellos que recibieron
el corazón y el alma de tu Hijo.

¿Para esto queríais un Mesías?
¿Acaso hubiera sido mejor un libertador político
que ofreciera dones y bienes temporales?

OFRECIMIENTO Y PETICIÓN

Virgen Santísima, modelo de oración,
te ofrecemos este Misterio
por la purificación de nuestras intenciones
cuando elevamos nuestras plegarias;
ya que, si bien tu Hijo se ocupa de nuestro pan,
a veces también nos incomoda y nos exige
para darnos bienes mayores.

✦ TERCER MISTERIO ✦
LA CORONACIÓN DE ESPINAS

Cuando los soldados coronaron de espinas a Jesús, se hicieron eco de las acusaciones de los judíos, que decían que Jesús se había proclamado Rey contra el Imperio. Pero su Reino no es de este mundo; y verdaderamente es Rey y descendiente de Rey. Pilato, viendo la manipulación judía y la tergiversación del hecho, quizá para congraciarse con su esposa, Claudia Prócula, supuestamente discípula del Señor, tuvo un último gesto en favor de la causa de Jesús reconociéndolo como Rey.

DEL EVANGELIO DE SAN JUAN

Jesús partió cargando con su propia cruz, y fue hasta el lugar llamado Gólgota, que en hebreo significa "Lugar de la Calavera". Allí clavaron en la cruz a Jesús. Crucificaron a otros dos hombres también, uno a cada lado de Jesús. Pilato ordenó que escribieran una cartela que explicara la razón de haber matado a Jesús. El letrero fue escrito en tres lenguas: hebrea, latina y griega; decía: "Jesús Nazareno, Rey de los judíos". Colocaron el letrero en la cruz, por encima de la cabeza de Jesús. Como el lugar donde clavaron a Jesús estaba cerca de la ciudad, muchos judíos leyeron la inscripción. Por eso los sacerdotes principales le dijeron a Pilato: "No escribas: 'Rey de los judíos'. Sino escribe: 'Este hombre dice ser el Rey de los judíos'". Pilato contestó: "Lo que he escrito, escrito está". (Jn 19:17-22)

MEDITACIÓN

Virgen Dolorosa, Madre del Rey,
un Rey según constató el Gobernador Pilato;
quien, a pesar de su cobardía
al no defender la vida de Nuestro Señor,
se mantuvo firme al afirmar implícitamente
que fueron los propios judíos
los que lo alzaron como Rey,
aunque fuera para condenarlo a muerte.
Si Jesús era ejecutado por ser Rey,
es porque verdaderamente era Rey,
si no, no habría habido causa contra él,
y ahora los judíos se lamentan
de su estrategia.
Y lo que los soldados hicieron como burla,
proclamarlo Rey coronándolo de espinas,
ahora Pilato lo ratifica oficialmente como juez.

Reina de los mártires...
Enséñame a vivir diciendo a voz en grito
lo que muchos dijeron entregando sus vidas
a la hora de la muerte: "Viva Cristo Rey".

OFRECIMIENTO Y PETICIÓN

Virgen Santísima, Reina y Nazarena,
te ofrezco este misterio por el Pueblo Judío;
para que acepte a Jesucristo como Rey y Mesías
y abrace a la plenitud de la Revelación.

✠ CUARTO MISTERIO ✠
JESÚS CARGA CON LA CRUZ

Según la costumbre, el reo debía portar su propia cruz hasta el lugar de la ejecución, un lugar visible para que sirviera de escarnio, bien a la entrada de las ciudades o en algún monte, como fue el caso. Tras la flagelación, apenas si ya quedaban fuerzas en Jesús, por lo que Simón de Cirene fue sumado a la fuerza a ese número de personas que, como nos cuenta la tradición, se encontraron personalmente con el Señor; cada encuentro, con su propia enseñanza: Su Santísima Madre, la Verónica, o aquellas mujeres de las que nos hablan explícitamente las Sagradas Escrituras.

DEL EVANGELIO DE SAN LUCAS

Los soldados se llevaron con ellos a Jesús para clavarlo en una cruz. Yendo de camino, detuvieron a un hombre llamado Simón, y lo obligaron a llevar la cruz detrás de Jesús. Simón era natural de un pueblo llamado Cirene, y en ese momento volvía del campo. Seguían a Jesús muchas personas, muchas mujeres entre ellas, que gritaban y lloraban de tristeza por él. (Lc 23:26-27)

MEDITACIÓN

Virgen Dolorosa, Madre del Nazareno,
su Cruz delata su camino, va al Calvario,
para ofrecerse en sacrificio;
y, de camino, no se ahorra una palabra,
ni un gesto de afecto a cuantos le aman.

Cuántos le lloraban en su marcha,
¿dónde están sus acusadores?
¿Acaso se ocultan entre la turba
para no ser señalados por los pobres
y los humildes?

Madre Nuestra, camino del Calvario,
tu Hijo nos ha enseñado que la Cruz
no es cosa de un instante,
que requiere de un camino,
que pocas cruces son breves...
Pídele para nosotros
paciencia y perseverancia;
y, sobre todo, que nos dé su fuerza
para poder cargarla.

OFRECIMIENTO Y PETICIÓN

Virgen Santísima, Madre de Dios y Madre mía,
te ofrezco este Misterio por mis cruces,
las que debo amar, cargar y abrazar,
más aún si son personas.

74

✠ QUINTO MISTERIO ✠
LA MUERTE
DE JESÚS EN LA CRUZ

Jesús, has hecho de la Cruz el Árbol de la Vida por el que hemos recobrado la amistad con Dios, por el que la Vida Eterna está al alcance de nuestra mano con la ayuda de tu Gracia. ¡Qué poco esfuerzo hizo el buen ladrón para alcanzar el Cielo! Pero su corazón estaba a años luz de todos los que te increpaban. Señor, que tu Sangre Preciosa no caiga en vano sobre la Tierra.

DEL EVANGELIO DE SAN LUCAS

Uno de los criminales que estaba clavado junto a Jesús lo insultaba: "¿No dices que tú eres el Mesías? Sálvate tú, y sálvanos a nosotros también". Pero el otro hombre lo reprendió: "¿No tienes miedo de Dios? ¿Acaso no estás sufriendo igual castigo? Nosotros sí merecemos el castigo, porque hemos sido muy malos; pero este hombre no ha hecho nada malo para merecerlo". Luego, le dijo a Jesús: "Jesús, no te olvides de mí cuando llegues a tu Reino". Jesús le dijo: "Te aseguro que hoy estarás conmigo en el paraíso". (Lc 23:39-43)

MEDITACIÓN

Virgen Dolorosa, Madre Afligida,
mira como tu Hijo muere por amor a nosotros,
tan indignos de ser amados por él,
pidiendo perdón por sus verdugos,
derramando su Divina Misericordia
al Buen Ladrón, San Dimas,
antes de que su Sangre mezclada con Agua
brotara de su Costado por la lanzada
de aquel soldado, a quien ahora,
siglos más tarde, veneramos como San Longino
a causa de su conversión por aquel instante.

La Vida vence a la Muerte,
y culminará su Victoria
por medio de la Resurrección y la Ascensión
de Aquel que vino al mundo
para redimirnos de nuestros pecados
y para santificarnos,
haciéndonos amigos e hijos de Dios,
y herederos de su Reino

OFRECIMIENTO Y PETICIÓN

Virgen Santísima, Madre Afligida,
te ofrezco este Misterio por los moribundos;
para que obtengan la gracia
de la perseverancia final
y tengan una muerte santa.

76

SÁBADO: MISTERIOS DE GOZO

CONCEPCIÓN, NACIMIENTO E INFANCIA DE JESÚS

Este bloque de Misterios nos remite a los primeros años de la vida de Nuestro Señor en medio de nosotros. El principal Gozo que nos muestra es la propia venida al mundo del Mesías que había sido prometido al Pueblo de Israel, pero este Gozo no será fruto de una situación idílica y cómoda, sino un edificio sólido cimentado en la confianza en Dios, pero asentado en las tierras movedizas de las dudas, las persecuciones, las traiciones... Que nos van a recordar que no sólo Jesucristo se hace hombre, sino que viene a acampar en medio de los hombres, frágiles, y con sus corazones heridos por el pecado.

OFRECIMIENTO
DE LOS MISTERIOS GOZOSOS

Virgen Santísima; hoy, sábado,
es un día especialmente consagrado a ti.
En los Misterios Gozosos te contemplamos,
ante todo, como Madre de Dios,
pero también te sabemos Madre nuestra.
Cuida de nosotros maternalmente
y recuérdanos, en los momentos difíciles
que estén aún por venir en esta vida,
el camino para acudir a ti como refugio.
Te ofrecemos estos Misterios por: (...);
aceptando cuanto sea la Voluntad de Dios.

✠ PRIMER MISTERIO ✠
LA ANUNCIACIÓN Y LA
ENCARNACIÓN DEL SEÑOR

Jesucristo se hizo hombre sin que mediara intervención de varón, por obra del Espíritu Santo. San José, al enterarse de que su esposa estaba encinta, porque la quería, decidió darle su "acta de libertad" (acta de repudio) en secreto, exonerándola de todo compromiso y promesa para con él. Pero el plan de Dios era otro: Que el Hijo de Dios lo llamase "padre" ante los hombres.

DEL EVANGELIO DE SAN MATEO

María estaba comprometida para casarse con José. Pero, antes de vivir juntos, ella quedó encinta. José era un hombre bueno y obediente a la ley de Dios. Como no quería acusar a María ante todo el pueblo, decidió romper el compromiso en secreto. Entonces un ángel de Dios se le apareció en sueños y le dijo: "José, no tengas miedo a casarte con María. El Espíritu Santo fue quien hizo que ella quedase encinta. Cuando nazca el niño, lo llamarás Jesús. Él va a salvar a su pueblo del castigo que merece por sus pecados". (Mt 1:18-21)

MEDITACIÓN

Santísima Madre de Dios,
por el Anuncio del Arcángel San Gabriel
y tu aceptación al mensaje que portaba,
el Espíritu Santo obró en tu seno virginal
el milagro de la Encarnación.

Pero San José recibió también
un mensaje de parte de otro ángel,
no sólo confirmando los hechos
tal y como sucedieron,
sino, además, expresándole el lugar
que tenía que ocupar desde entonces,
en el que era indispensable
para hacer las veces de padre de Jesús,
siendo él quien le pusiera legalmente el nombre
que Dios mismo había escogido: Jesús.
San José, "Padre" te llamó
el mismo Dios aquí en la tierra,
creciendo bajo tu protección y cuidado.
¿Qué podrá negarte en el Cielo?

OFRECIMIENTO Y PETICIÓN

María y José, os ofrezco este Misterio
por todas las familias cristianas;
para que tengan su modelo en la vuestra,
en la Sagrada Familia de Nazareth.

✤ SEGUNDO MISTERIO ✤
LA VISITACIÓN DE MARÍA A SANTA ISABEL

La Santísima Virgen fue a la región de las montañas para visitar y atender a su prima Isabel, encinta de quien será llamado: "Juan el Bautista". "¿Quién soy yo para que me visite la Madre de mi Señor?", dirá Isabel; pero ella es la madre del precursor del Mesías, del último profeta antes de su manifestación pública ante el mundo, debiéndole allanar el camino, y también... Parte de los pobres, a los que Dios muestra y mostrará su compasión.

DEL LIBRO DE ISAÍAS

No tendréis ni hambre ni sed, ni el sol ni el calor os molestarán, porque yo os amo y os guío, y os llevaré a fuentes de agua. Os abriré un camino a través de las montañas y os haré pasar por un terreno llano. Vosotros, israelitas, vendréis desde muy lejos, de todos los rincones del mundo. ¡Cielos, gritad de alegría! ¡Tierra, alégrate mucho! ¡Montañas, lanzad gritos de felicidad! Porque yo, el único Dios, consuelo a mi pueblo y tengo compasión de los pobres. (Is 49:10-13)

MEDITACIÓN

Virgen Santísima,
no fuiste a buscar un Palacio
para que tu Hijo naciera entre comodidades,
fuiste a cumplir con tu conciencia
y atender a tu prima anciana y encinta
de quien allanará los senderos
y preparará los caminos
cuando tu Hijo se manifieste
pública y abiertamente al mundo.

Es más, vas a compartir tu gozo
con esta familia pobre y humilde
de la región de las montañas,
recordando que todo Israel
será convocado ante la venida del Mesías,
pero que sólo un resto humilde
atenderá su Palabra.
Virgen Santísima, ¿dónde busco yo a Dios?

OFRECIMIENTO Y PETICIÓN

Hija de Abrahán,
los profetas defendieron la causa
de los pobres, los huérfanos y las viudas;
te ofrezco este Misterio por ellos;
pero también para que yo aprenda de ellos
a vivir con la humildad con la que viven
los predilectos y escogidos de Dios.

✚ TERCER MISTERIO ✚
EL NACIMIENTO
DE JESUCRISTO EN BELÉN

Las circunstancias del nacimiento de Jesús en Belén fueron trazadas por el censo que el Emperador de Roma ordenó; pero también hay que añadir que en Israel reinaba un Rey, Herodes el Grande, que había pactado con Roma, siendo el responsable de la matanza de inocentes que siguió al nacimiento de Nuestro Señor y de su huida a Egipto.

DEL EVANGELIO DE SAN MATEO

Siendo rey Herodes el Grande, Jesús nació en Belén de Judea... Unos sabios de un país de oriente llegaron a Jerusalén preguntando: "¿Dónde está el niño que nació para ser el rey de los judíos? Vimos su estrella en el oriente y hemos venido a adorarlo". El rey Herodes y los habitantes de Jerusalén se pusieron muy nerviosos cuando oyeron esto. Así, Herodes reunió a los sacerdotes y a los maestros de la Ley, y les preguntó: "¿Dónde ha de nacer el Mesías?" Ellos le dijeron: "En Belén de Judea, porque así lo anunció el profeta cuando escribió: Tú, Belén, eres importante entre los pueblos de Judá. De ti va a nacer un príncipe, que guiará a Israel, mi pueblo'". (Mt 2:1-6)

MEDITACIÓN

Virgen Santísima, modelo de humildad;
en la Gruta de Belén
no sólo recibiste la visita y los presentes
de unos humildes pastores
que fueron convocados por los ángeles,
como signo de predilección por los pobres,
sino que los mismos ángeles
entonaron cantos de alabanza
por el Nacimiento de tu Hijo.

Pero también fueron convocados,
por medio de una estrella,
unos magos, extranjeros, del Oriente,
como signo de la catolicidad de la Iglesia,
que no entiende de diferencias
a causa de la raza, la lengua o la cultura.

Mientras tanto, Herodes sólo se preocupaba
de la seguridad de su trono.

OFRECIMIENTO Y PETICIÓN

Reina del Cielo, Madre del Dios verdadero,
te ofrezco este Misterio por los niños lactantes
y por cuantos aún no han nacido;
para que sus vidas sean protegidas
bajo tu manto maternal
y el amor y respeto de sus familias.

84

✠ CUARTO MISTERIO ✠
LA PRESENTACIÓN DE JESÚS EN EL TEMPLO
[Y LA PURIFICACIÓN DE NUESTRA SEÑORA]

Aunque la Purificación de Nuestra Señora y la Presentación del Señor en el Templo tienen lugar en un mismo momento, hoy nos vamos a centrar en Jesús. En ambos casos, ambos gestos son muestras de humildad, porque: ¿No es acaso Jesús más que el Templo? ¿De qué tenía que purificarse la Virgen Purísima e Inmaculada? Pero cumplieron con la ley de Moisés, con humildad, y para darnos ejemplo.

Cuando San José y la Virgen presentan al Señor en el Templo, no sólo están dando ejemplo en el cumplimiento de las normas que también fueron establecidas para ellos como judíos, sino también para el Niño en su perfecta Humanidad.

DEL EVANGELIO DE SAN LUCAS

Cuarenta días después del Nacimiento de Jesús, sus padres lo llevaron al Templo de Jerusalén para presentarlo ante de Dios. Así lo ordenaba la ley de Moisés: "Cuando el primer niño que nace es un varón, hay que dedicárselo a Dios". La ley también decía que debían presentar, como ofrenda a Dios, dos pichones o dos tórtolas. (Lc 2:22-24)

MEDITACIÓN

Virgen Santísima,
tu Hijo es más que el Templo,
pero se hace Hombre en el contexto
de las promesas de la Antigua Alianza,
por lo que habría de tenerse,
en cuanto que Hombre,
como un hijo irreprochable de Israel.

Nosotros, en otro contexto,
también ofrecemos y consagramos a Dios
nuestras vidas, las de nuestros familiares...
Así como nuestros proyectos, ilusiones,
o el fruto de nuestro trabajo,
a ejemplo del Justo Abel
en el inicio de los tiempos.

Madre Santa, que cada ofrenda que haga
y cada limosna que entregue
sean signo de la entrega a Dios de mi persona.

OFRECIMIENTO Y PETICIÓN

Virgen Santísima, Templo de Dios,
te ofrezco este Misterio para que lo lleves
ante la presencia del Altísimo,
como agradecimiento por habitar
en mi alma en Gracia, más íntimamente en mí
que yo mismo, como nos expresó San Agustín.

✛ QUINTO MISTERIO ✛
EL NIÑO PERDIDO
Y HALLADO EN EL TEMPLO

Para ocuparse de los asuntos de su Padre Dios, Jesús no regresó con José y María a Nazaret tras una visita al Templo de Jerusalén con motivo de la Pascua. Ellos pensaban que Jesús iría en la misma caravana con algunos conocidos, por eso no se preocuparon en un principio. Cuando regresaron a Jerusalén para buscarlo, se quedaron admirados al verlo dialogar sabiamente en el Templo con los Doctores de la Ley. María y José también debían aprender y asumir la naturaleza de la misión que tenía Jesús entre los hombres.

DEL EVANGELIO DE SAN LUCAS

La madre de Jesús le preguntó: "¡Hijo! ¿Por qué nos has hecho esto? Tu padre y yo te buscábamos. Estábamos muy preocupados por ti". Pero Jesús les respondió: "¿Por qué me buscabais? ¿No sabíais que yo debo estar en la casa de mi Padre?" Ellos no entendieron lo que quiso decirles. Entonces Jesús volvió con sus padres a Nazaret, y los obedecía en todo. Su madre pensaba mucho en todo lo que había pasado. (Lc 2:48b-51)

MEDITACIÓN

Virgen Santísima,
tu amado Hijo se quedó en el Templo
para ocuparse de los asuntos
de su Padre Dios.

¡Cuánta fue tu humildad al aceptar
una respuesta que apenas entendías!
Tú le preguntaste
con la preocupación de una madre;
él te respondió desde la autoridad
de su condición y de su misión.
¡Pero cuánto más fue un momento difícil
para San José, a quien Jesús obedecía,
a quien siempre llamaba: "Padre",
cuando en su respuesta
sólo habló de su Padre Dios!

María y José, es un honor incomparable
educar al Hijo de Dios hecho Hombre,
pero qué grande habría de ser vuestra humildad
para haber sido escogidos por Dios para esa tarea.

OFRECIMIENTO Y PETICIÓN

Virgen, Madre y Esposa, te ofrezco este Misterio
por los padres de los sacerdotes y religiosos,
que tantos sacrificios realizan en favor
de la vocación de sus hijos.
Señora mía, que no les falte su recompensa.

DOMINGO: MISTERIOS
DE GLORIA
EL TRIUNFO DE JESÚS

Jesucristo culmina nuestra salvación con su Muerte, Resurrección y Ascensión a los Cielos, pero ahora necesita que cada creyente la acoja en su vida, por eso instituyó la Iglesia con diferentes gestos a lo largo de su vida (la elección de los Doce, el Primado de Pedro, la institución de los Sacramentos...); ahora nos entregará el Don de Dios en persona, el Espíritu Santo y santificador, que nos dará también su fuerza y su consuelo. Tampoco nos faltará la ayuda de María que intercederá por nosotros en la presencia de Dios en las Alturas, desde donde también es motivo para nuestra esperanza.

OFRECIMIENTO
DE LOS MISTERIOS GLORIOSOS

Reina y Señora de Cielos y Tierra,
Reina de los ángeles,
Madre y auxilio de los cristianos.
Haz presente nuestras necesidades
ante el trono del Altísimo,
y no nos sueltes de tu mano
en los momentos de tribulación.

Te ofrecemos estos Misterios por: (...);
y acrecienta en nosotros el deseo de ir al Cielo,
para participar del triunfo glorioso de tu Hijo.

✦ PRIMER MISTERIO ✦ LA RESURRECCIÓN DEL SEÑOR

Antes de su muerte, Nuestro Señor expresó las palabras: "Consumatum est", todo está cumplido. En él no sólo se cumplieron las predicciones circunstanciales sobre su vida (como su nacimiento en la ciudad de Belén) que expresaron los profetas en el Antiguo Testamento, sino también, lo más importante, cumplió con su Misión. Su Resurrección es la ratificación por parte del Padre de sus obras.

DEL LIBRO DE ISAÍAS

Yo soy el único Dios;
yo te llamé y te tomé de la mano
para que hicieras justicia,
para que fueras ante mi pueblo
señal de mi pacto con ellos,
para que seas ante las naciones
la luz que las ilumine.

Esto pido de ti:
que abras los ojos de los ciegos,
que des libertad a los presos,
y que hagas ver la luz
a los que viven en las tinieblas. (Is 42:6-7)

91

MEDITACIÓN

Virgen Santísima,
tu Hijo cumplió con toda Justicia;
ahora es preciso que resucite:
Por su propio poder, ya que él mismo es Dios,
y por el poder de Dios Padre,
que así ratificará su labor entre nosotros.

Muchos fueron los milagros
que realizó durante su vida,
todos ellos estaban anunciados
porque serían los signos de que habría llegado
el verdadero Mesías: Los ciegos verán,
los sordos oirán, los muertos resucitarán,
los presos serán liberados...
Todo esto tiene una lectura material,
pero también espiritual: Ver, oír, vivir...
es creer, como también ser libres...
Y podemos participar ya en la vida presente
de muchos de los frutos del triunfo
de Nuestro Señor.

OFRECIMIENTO Y PETICIÓN

Virgen Santísima, Madre de la Iglesia,
te ofrezco este Misterio por tus hijos,
los cristianos, a veces desalentados,
para que hallen su fuerza, su luz, su vida...
en el resplandor y la Victoria del Resucitado.

✚ SEGUNDO MISTERIO ✚
LA ASCENSIÓN DEL SEÑOR

Cuarenta días después de haber resucitado, Jesucristo asciende al Cielo para prepararnos un lugar y para enviarnos al Espíritu Santo. Los días que el Señor permanece entre los suyos desde su Resurrección hasta el día de su Ascensión nos hablan de la importancia de construir la vida presente, con la fuerza y la alegría de la Resurrección de Nuestro Señor, pero sin olvidar que la meta está en el Cielo.

DEL EVANGELIO DE SAN JUAN

Jesús dijo a sus discípulos: "No os preocupéis. Confiad en Dios y confiad también en mí. En la casa de mi Padre hay muchas estancias. Si no fuera cierto, no os habría dicho que voy allá a prepararos un lugar. Después de esto, volveré para llevaros conmigo. Así estaremos juntos. Vosotros sabéis a dónde voy, y también el camino que debéis tomar". Pero Tomás le dijo: "Señor, no sabemos a dónde vas, ¿cómo vamos a saber el camino?" Jesús le respondió: "Yo soy el camino, la verdad y la vida. Sin mí, nadie puede llegar al Padre". (Jn 14:1-6)

93

MEDITACIÓN

Madre de Jesús y Madre mía,
tu Hijo permanecerá con nosotros
hasta el fin de los tiempos,
aunque ya no podamos verlo físicamente.

Se fue por nosotros,
para hacernos un lugar en su Gloria,
–el primero sería para ti, María,
porque ya gozas del Cielo en plenitud,
en cuerpo y alma–, y para enviarnos
al mismo Don de Dios en Persona,
al Espíritu Santo Paráclito.

Pero se queda, se queda en el Sagrario,
en el Altar, en la Custodia...
Donde nos recebe y le recibimos
gracias al Sacramento de la Eucaristía.

Y se queda por medio de su Palabra Viva
en las Sagradas Escrituras, en la Iglesia,
en el rostro de los necesitados...

OFRECIMIENTO Y PETICIÓN

Madre de Aquel que es la Vida,
te ofrecemos este Misterio por los difuntos;
para que puedan alcanzar la gracia
de habitar en las moradas del Cielo.

✠ TERCER MISTERIO ✠
LA VENIDA DE DIOS ESPÍRITU SANTO

Aunque hablamos correctamente de la "Venida del Espíritu Santo"... Al igual que decimos de Jesús que resucita y es resucitado, el Espíritu Santo viene, pero también es enviado. Jesucristo prometió a sus discípulos que pediría al Padre que nos enviase a Dios Espíritu Santo para que lo reciban cuantos estén preparados para acogerlo con fe.

DEL EVANGELIO DE SAN JUAN

Vosotros demostraréis que me amáis, si cumplís mis mandamientos. Y yo le pediré a Dios Padre que os envíe al Espíritu Santo, para que siempre os ayude y esté con vosotros. Él os enseñará lo que es la verdad. Los que no creen en Dios y sólo se preocupan por lo que pasa en este mundo, no pueden recibir al Espíritu, porque no lo ven ni lo conocen. Pero vosotros lo conocéis, porque está con vosotros, y siempre estará en medio de vosotros. (Jn 14:15-17)

MEDITACIÓN

Virgen Santísima,
Esposa de Dios Espíritu Santo.
Tu Hijo envió el Espíritu Santo a su Iglesia
el día de Pentecostés,
a fin de santificarla y fortalecerla
por medio de sus frutos y sus dones.

Sigue viniendo y su presencia es constante,
pero es necesario que lo acojamos con fe,
y nutrimos nuestra fe con la oración;
permíteme, Madre mía que al decir esto
te contemple a ti en el Cenáculo
reunida en oración con los demás discípulos.

Al Espíritu Santo le basta para actuar
con que no pongamos obstáculo a su Gracia,
pero... ¡Ay cuando acogemos con amor
a quien es el mismo Amor de Dios en Persona!

OFRECIMIENTO Y PETICIÓN

Esposa de Dios Espíritu Santo,
te ofrecemos este Misterio por los cristianos
que atraviesan momentos de dudas de fe,
aridez y desazón espiritual, tibieza...
Para que Dios Espíritu Santo
ilumine y encienda sus corazones
en la llama del Amor Divino.

96

✦ CUARTO MISTERIO ✦
LA ASUNCIÓN
DE NUESTRA SEÑORA

La Virgen Santísima es la criatura que mayores bendiciones ha recibido de Dios. Aquella que aceptó someterse a los planes de Dios para ser verdaderamente su Madre, no sólo debía darle una digna primera morada a Dios hijo en su Encarnación, también habría de participar del dolor de su Pasión... Pero también de su destino, y lo que esperamos que se cumpla algún día nosotros, disfrutar en cuerpo y alma del Cielo, que ella ya disfruta ahora por una prerrogativa singular.

DEL LIBRO DE JUDIT

Ozías dijo a Judit: "¡Querida amiga, que el Dios altísimo te bendiga más que a todas las mujeres! ¡Bendito sea nuestro Dios, que creó todo lo que existe, y que te ayudó a cortarle la cabeza al jefe de nuestros enemigos! Jamás olvidaremos tu valentía. ¡El poder de nuestro Dios será recordado para siempre! Que Dios te dé muchas riquezas, y permita que tu nombre sea también recordado, porque pusiste tu vida en juego para librarnos de nuestros enemigos". (Judit 13:18-20a)

MEDITACIÓN

Virgen Santísima,
en tu caso no hablamos de "Ascensión"
porque no subes al Cielo por tu propio poder,
ya que eres una criatura;
contigo hablamos de "Asunción",
porque eres elevada por Dios,
asumida por él, hasta el Cielo.

Poco tenías que atase tus pies a la tierra,
pero muchos asuntos de la tierra
tienes que atender desde el Cielo...
En especial cada vez que uno de tus hijos
precisamos de tu auxilio
invocándote como Madre.

Porque estás en el Cielo,
estás en todas partes,
ves en todas partes, oyes en todas partes...

Madre mía, disfrutas de la plenitud del Cielo
no sólo por ti y por tus méritos,
sino también para mí y por mis necesidades.

OFRECIMIENTO Y PETICIÓN

Virgen Asunta al Cielo, te ofrezco este Misterio
por cuantos han perdido la esperanza;
para que los cristianos, honrando nuestra fe,
les llevemos el dulce consuelo de la caridad.

✠ QUINTO MISTERIO ✠
LA CORONACIÓN DE MARÍA
COMO REINA DE CIELOS Y TIERRA

Siendo Nuestro Señor el Rey del Universo, a su Santísima Madre le corresponde también tal consideración. Es más, deberíamos compararla a esos reyes y reinas que no alcanzan su título por haberlo heredado de su cuna, sino por haberlo ganado gracias a sus gestas heroicas, a su grandeza, al afecto que reciben de su pueblo, a la confianza que ponen sus súbditos en ellos para que se ocupe de protegerles y defenderles en sus asuntos. Los mismos ángeles la tienen por Reina al ser la criatura más perfecta jamás creada por las manos de Dios y ser digna de toda admiración.

DEL LIBRO DEL CANTAR
DE LOS CANTARES

Pero es una la paloma mía, la perfecta mía; la única de su madre, la escogida de la que la engendró. La vieron las doncellas, y la llamaron bienaventurada; la alabaron reinas y concubinas. ¿Quién es ésta que se muestra como el alba, hermosa cual la luna, esclarecida como el sol, Imponente como ejércitos en formación de batalla? (Cant 6:9-10)

MEDITACIÓN

Dios te Salve, Reina y Madre de Misericordia;
que no te apartas ni de las necesidades
ni de los ruegos de tus hijos,
sino que nos acoges, nos escuchas,
incluso sales a nuestro encuentro
para prevenirnos de los peligros
o para devolvernos al camino
del que un día nos pudimos alejar.

Tu corona son tus virtudes,
el cetro con el que riges no es tu capricho,
sino signo de tu aceptación constante
a la Voluntad de Dios,
quien nada te niega por ser su Madre,
por lo que te estableció
dispensadora de gracias.

Virgen Reina, concédeme el honor
de ser tu siervo, y hazme más humilde
para que pueda reconocerme como hijo.

OFRECIMIENTO Y PETICIÓN

Virgen Madre de Dios, Reina y Madre del Rey,
te ofrezco este Misterio para pedirte a ti,
dispensadora de las gracias,
el don de la humildad, por el que no sólo
se reconocerá mi servidumbre, sino también
mi inmerecida condición de hijo tuyo.

LETANÍAS
LAURETANAS

Sin ser parte esencial del Santo Rosario, es costumbre universalmente extendida el rezo de la Letanía de Loreto (también llamada, en plural: "Letanías Lauretanas").

Comenzamos con un breve acto penitencial:

+ Señor, ten piedad
Repítase: *Señor, ten piedad*
+ Cristo, ten piedad
Repítase: *Cristo, ten piedad*
+ Señor, ten piedad.
Repítase: *Señor, ten piedad*
+ Cristo, óyenos.
Repítase: *Cristo, óyenos.*
+ Cristo, escúchanos.
Repítase: *Cristo, escúchanos.*

Seguimos con una serie de invocaciones a la Santísima Trinidad, a Dios Padre, Hijo y Espíritu Santo:

+ Dios, Padre celestial.
Pídase: *Ten piedad de nosotros.*
+ Dios, Hijo, Redentor del mundo.
Pídase: *Ten piedad de nosotros.*
+ Dios, Espíritu Santo.
Pídase: *Ten piedad de nosotros.*
+ Santísima Trinidad, un solo Dios.
Pídase: *Ten piedad de nosotros.*

Llegamos hasta las jaculatorias dirigidas a la Santísima Virgen María:

+ Santa María,
A cada una de estas invocaciones responderemos:
Ruega por nosotros.

+ Santa Madre de Dios
+ Santa Virgen de las Vírgenes
+ Madre de Cristo
+ Madre de la Iglesia
+ Madre de la misericordia
+ Madre de la divina gracia
+ Madre de la esperanza
+ Madre purísima
+ Madre castísima

+ Madre siempre virgen
+ Madre inmaculada
+ Madre amable
+ Madre admirable
+ Madre del buen consejo
+ Madre del Creador
+ Madre del Salvador
+ Virgen prudentísima
+ Virgen digna de veneración
+ Virgen digna de alabanza
+ Virgen poderosa
+ Virgen clemente
+ Virgen fiel
+ Espejo de justicia
+ Trono de la sabiduría
+ Causa de nuestra alegría
+ Vaso espiritual
+ Vaso digno de honor
+ Vaso de insigne devoción
+ Rosa mística
+ Torre de David
+ Torre de marfil
+ Casa de oro
+ Arca de la Alianza
+ Puerta del cielo
+ Estrella de la mañana
+ Salud de los enfermos
+ Refugio de los pecadores
+ Consuelo de los migrantes
+ Consoladora de los afligidos

+ Auxilio de los cristianos
+ Reina de los Ángeles
+ Reina de los Patriarcas
+ Reina de los Profetas
+ Reina de los Apóstoles
+ Reina de los Mártires
+ Reina de los Confesores
+ Reina de las Vírgenes
+ Reina de todos los Santos,
+ Reina concebida
sin pecado original
+ Reina asunta a los Cielos
+ Reina del Santísimo Rosario
+ Reina de la familia
+ Reina de la paz

Continuamos dirigiéndonos a Jesucristo:

+ Cordero de Dios,
que quitas el pecado del mundo:
Perdónanos, Señor.

+ Cordero de Dios,
que quitas el pecado del mundo,
Escúchanos, Señor.

+ Cordero de Dios,
que quitas el pecado del mundo,
Ten misericordia de nosotros.

Nos volvemos a dirigir a la Santísima Virgen:

+Ruega por nosotros, Santa Madre de Dios.
*Para que seamos dignos de poder alcanzar
las promesas de Cristo.*

Concluimos con la oración final, aunque puede extenderse con nuevas adiciones, como explicaremos más adelante:

OREMOS:
Te rogamos, Señor Dios nuestro,
que nos concedas gozar
de continua salud de alma y cuerpo,
y por la gloriosa intercesión
de la bienaventurada
siempre Virgen María,
vernos libres de las tristezas
de la vida presente
y disfrutar de las alegrías eternas.
Por Cristo Señor nuestro.
Amén.

ANEXO DEVOCIONAL

Para facilitar el rezo del Santo Rosario a las personas menos iniciadas, facilitamos, para mejor referencia, las oraciones que se emplean o que pueden emplearse en el rezo del Santo Rosario:

Padre Nuestro:

Padre nuestro, que estás en el cielo, santificado sea tu Nombre; venga a nosotros tu reino; hágase tu voluntad, en la tierra como en el cielo.
Danos hoy nuestro pan de cada día; perdona nuestras ofensas, como también nosotros perdonamos a los que nos ofenden; no nos dejes caer en la tentación y líbranos del mal. Amén.

Ave María:

Dios te salve, María; llena eres de gracia; el Señor es contigo; bendita Tú eres entre todas las mujeres, y bendito es el fruto de tu vientre, Jesús.
Santa María, Madre de Dios, ruega por nosotros pecadores, ahora y en la hora de nuestra muerte. Amén.

Gloria:

Gloria al Padre, y al Hijo, y al Espíritu Santo. Como era en el principio, ahora y siempre, y por los siglos de los siglos. Amén.

Bajo tu amparo:

Bajo tu amparo nos acogemos Santa Madre de Dios, no desprecies nuestras súplicas que dirigimos ante nuestras necesidades, antes bien, líbranos de todo peligro Virgen Gloriosa y Bendita.
Ruega por Nosotros Santa Madre de Dios, para que seamos dignos de alcanzar las promesas y divinas gracias de nuestro Señor, Jesucristo. Amén.

Salve:

Dios te salve, Reina y Madre de misericordia, vida, dulzura y esperanza nuestra. Dios te salve. A ti clamamos los desterrados hijos de Eva, a ti suspiramos, gimiendo y llorando en este valle de lágrimas.
Ea, pues, Señora Abogada Nuestra, vuelve a nosotros tus ojos misericordiosos, y después de este destierro, muéstranos a Jesús, fruto bendito de tu vientre. Oh, clementísima, oh piadosa, oh dulce siempre Virgen María.
Ruega por nosotros, Santa Madre de Dios, para que seamos dignos de alcanzar las promesas de Nuestro Señor Jesucristo. Amén.

Made in United States
Troutdale, OR
04/23/2024